BIBLIOTHÈQUE PRIMAIRE A 2 SOUS.

ÉLÉMENS

DE

LA GRAMMAIRE FRANÇAISE,

Par Lhomond.

A L'USAGE

DES ÉCOLES PRIMAIRES,

PRIX : 2 sous, broché ; 3 sous, cartonné.

PARIS,

CHEZ PAUL DUPONT ET Cie,

DIRECTEUR DE LA LIBRAIRIE NORMALE D'ÉDUCATION,

Rue de Grenelle-St-Honoré, n. 55;

Et chez L. HACHETTE, rue Pierre-Sarrazin, n. 12.

1835.

LIBRAIRIE NORMALE D'ÉDUCATION.

LIVRES A 2 SOUS.

Manuel de Lecture.

1er Livre de Lecture.

2e Livre de Lecture (*autographié*).

3e Livre de lecture (*Télémaque*).

Livre de Prières.

Les Évangiles.

Histoire Sainte.

Petit Traité de Morale.

Choix de Fables.

Grammaire de Lhomond.

Géographie générale.

Géographie de la France.

Arithmétique.

Histoire de France, 2 vol.

Histoire naturelle, 2 vol.

Petite Physique.

Traité d'Arpentage.

Poids et Mesures.

Découvertes et Inventions.

Les mêmes, cartonnés, 3 sous.

BIBLIOTHÈQUE DE L'INSTITUTEUR PRIMAIRE, *par M. de la Palme*,

25 vol. in-18, à 1 fr. le vol., 25 fr.

Lectures. Promenades (imp. en 3 sortes de caractères)...	1 v.
— Tableaux du monde, proverbes (lithographiés en plusieurs écritures)....	1 »
— Morale de l'exemple...	1 »
— Prières.............	1 »
— 52 dimanches........	1 »
— Veillées du village....	1 »
Grammaire française.....	1 »
Arithmétique...........	1 »
Géographie de la France..	1 »
Géographie générale......	1 »
Hist. sainte. Récits de la Bible	2 »
— Évangile...........	1 »
— Morale de la Bible et de l'Évangile............	1 »
Histoire de France........	4 »
Biographie des rois et des hommes illustres de France, depuis Clovis jusqu'à Louis XVIII...............	2 »
Hist. Natur. Plantes......	1 »
— Mammifères.........	1 »
— Oiseaux, Reptiles, etc.	1 »
— Géologie, Minéralogie.	1 »
— Météorologie.......	1 »
	25 v.

IMPRIMERIE DE PAUL DUPONT ET Cie,
Rue de Grenelle-St-Honoré, n. 55.

ÉLÉMENS

DE

LA GRAMMAIRE FRANÇAISE.

INTRODUCTION.

La grammaire est l'art de parler et d'écrire correctement. Pour parler et pour écrire on emploie des mots : les mots sont composés de lettres.

Il y a deux sortes de lettres, les *voyelles* et les *consonnes*.

Les voyelles sont *a*, *e*, *i*, *o*, *u* et *y*. On les appelle *voyelles* parce que, seules, elles forment une voix, un son.

Il y a trois sortes d'*e*; *e* muet, *é* fermé, *è* ouvert.

L'e *muet*, comme à la fin de ces mots : *pipe*, *loge*.

L'é *fermé*, comme à la fin de ces mots, *bonté*, *café*.

L'è *ouvert*, comme à la fin de ces mots, *procès*, *accès*, *succès*.

L'*y* s'emploie le plus souvent pour deux *i*, comme dans *pays*, *moyen*: prononcez *pai-is*, *moi-ien*.

Il y a dix-huit consonnes; savoir : *b*, *c*, *d*, *f*, *g*, *j*, *k*, *l*, *m*, *n*, *p*, *q*, *r*, *s*, *t*, *v*, *x*, *z*. Ces lettres s'appellent *consonnes* parce qu'elles ne forment un son qu'avec le secours des voyelles, comme *ba*, *bé*, *bi*, *bo*, *bu* : *ca*, *cé*, *ci*, *co*, *cu* : *da*, *dé*, *di*, *do*, *du*, etc.

La lettre *h* ne se prononce pas dans certains mots, l'h*omme*. l'h*onneur*, l'h*istoire*, etc., qu'on prononce comme s'il y avait l'*omme*, l'*onneur*, l'*istoire*; alors on l'appelle *h muette*.

Mais dans les mots suivans : la *haine*, le *hameau*, le *héros*, la lettre *h* fait prononcer du gosier la voyelle qui suit; alors on l'appelle *h aspirée* : ainsi l'on écrit et l'on prononce séparément les deux mots *la haine*, et non pas *l'haine*; *les héros*, et non pas comme s'il y avait *les zhéros*.

Des voyelles longues et brèves.

Les voyelles *longues* sont celles sur lesquelles on appuie plus long-temps que sur les autres en les prononçant.

Les voyelles *brèves* sont celles sur lesquelles on appuie moins long-temps.

Par exemple, *a* est long dans *pâte* pour faire du pain, il est bref dans *patte* d'animal.

e est long dans *tempête*, il est bref dans *trompette*.

i est long dans *gîte* et bref dans *petite*.

o est long dans *apôtre* et bref dans *dévote*.

u est long dans *flûte* et bref dans *butte*.

Pour marquer les différentes sortes d'*e* et les voyelles longues, on emploie trois petits signes que l'on appelle *accens*; savoir : l'accent *aigu* (´), qui se met sur les *é* fermés, *bonté*; l'accent *grave* (`), qui se met sur les *è* ouverts, *accès*; et l'accent *circonflexe* (^), qui se met sur la plupart des voyelles longues, *apôtre*.

Il y a en français dix sortes de mots qu'on appelle les *parties du discours*; savoir : le *nom*, l'*article*, l'*adjectif*, le *pronom*, le *verbe*, le *participe*, la *préposition*, l'*adverbe*, la *conjonction* et l'*interjection*.

CHAPITRE Ier. — Le Nom.

Le *nom* est un mot qui sert à nommer une personne ou une chose, comme *Pierre*, *Paul*, *livre*, *chapeau*.

Il y a deux sortes de noms, le nom *commun* et le nom *propre*.

Le nom *commun* est celui qui convient à plusieurs personnes ou à plusieurs choses semblables : *homme*, *cheval*, *maison*, sont des noms communs, car le nom *homme* convient à Pierre, à Paul, etc.

Le nom *propre* est celui qui ne convient qu'à une

seule personne ou à une seule chose, comme *Adam*, *Ève*, *Paris*, *la Seine*.

Dans les noms il faut considérer le *genre* et le *nombre*.

Il y a en français deux genres, le *masculin* et le *féminin*. Les noms d'hommes ou de mâles sont du genre masculin, comme un *roi*, un *lion* ; les noms de femmes ou de femelles sont du genre féminin, comme une *reine*, une *lionne*. Ensuite, par imitation, l'on a donné le genre masculin ou le genre féminin à des choses qui ne sont ni mâles ni femelles, comme un *livre*, une *table*, le *soleil*, la *lune*.

Il y a deux nombres, le *singulier* et le *pluriel* : le singulier quand on parle d'une seule personne ou d'une seule chose, comme un *homme*, un *livre* ; le pluriel quand on parle de plusieurs personnes ou de plusieurs choses, comme les *hommes*, les *livres*.

Comment se forme le pluriel dans les noms.

Règle générale. — Pour former le pluriel, ajoutez *s* à la fin du nom : le *roi*, les *rois* ; la *reine*, les *reines* ; le *livre*, les *livres* ; la *table*, les *tables*.

Première remarque. Les noms terminés au singulier par *s*, *z*, *x*, n'ajoutent rien au pluriel : le *fils*, les *fils* ; le *nez*, les *nez* ; la *voix*, les *voix*.

Deuxième remarque. Les noms terminés au singulier par *au*, *eu*, *ou*, prennent *x* au pluriel : le *bateau*, *les bateaux* ; le *feu*, les *feux* ; le *caillou*, les *cailloux*.

Troisième remarque. La plupart des noms terminés au singulier par *al*, *ail*, font leur pluriel en *aux* : le *mal*, les *maux* ; le *cheval*, les *chevaux* ; le *travail*, les *travaux*. (Excepté *détails*, *éventails*, *portails*, *gouvernails*, *camails*, *épouvantails*.) *Aïeul*, *ciel*, *œil*, font au pluriel *aïeux*, *cieux*, *yeux*.

CHAPITRE II. — L'Article *le*, *la*, *les*.

L'*article* est un petit mot que l'on met devant les

noms communs, et qui en fait connaître le genre et le nombre.

Nous n'avons qu'un article, *le*, *la*, au singulier; *les*, au pluriel. *Le* se met devant un nom singulier masculin, *le père; la* se met devant un nom singulier féminin, *la mère; les* se met devant tous les noms pluriels, soit masculins, soit féminins, *les pères*, *les mères*. Ainsi, l'on connaît qu'un nom est du genre masculin, quand on peut mettre *le* devant ce nom: on connaît qu'un nom est du genre féminin quand on peut mettre *la*.

Il y a deux remarques à faire sur l'article.

Première remarque. On retranche *e* dans le mot *le*, on retranche *a* dans *la*, quand le mot suivant commence par une voyelle ou une *h* muette.

Ainsi l'on dit *l'argent* pour *le argent*, *l'histoire* pour *la histoire;* mais alors on met à la place de la lettre retranchée cette petite figure (') qu'on appelle *apostrophe*.

Deuxième remarque. Pour joindre un nom à un mot précédent, on met *de* ou *à* devant ce nom; *fruit de l'arbre; utile à l'homme*.

Alors, au lieu de mettre *de le* devant un nom masculin singulier, qui commence par une consonne, on met *du*.

Au lieu de *à le*, on met *au*.

Devant un nom pluriel, *de les* se change en *des*; *à les* se change en *aux*. Exemples:

Singulier masculin. — *Le* roi; palais *du* roi, pour *de le* roi; je plais *au* roi, pour *à le* roi.

Pluriel masculin. — *Les* rois; palais *des* rois, pour *de les* rois; je plais *aux* rois, pour *à les* rois.

Singulier féminin. — *La* reine, *de la* reine, *à la* reine.

Pluriel féminin. — *Les* reines; *des* reines, pour *de les* reines; *aux* reines, pour *à les* reines.

Au contraire *de* et *à* devant *la* ne se changent jamais.

CHAPITRE III. — L'Adjectif.

L'*adjectif* est un mot que l'on ajoute au nom pour marquer la qualité d'une personne ou d'une chose, comme *bon* père. *bonne* mère; *beau* livre, *belle* image: ces mots *bon*, *bonne*, *beau*, *belle*, sont des adjectifs joints aux noms *père*, *mère*, etc.

On connaît qu'un mot est adjectif quand on peut y joindre le mot personne ou chose : ainsi, *habile*, *agréable*, sont des adjectifs, parce qu'on peut dire *personne habile*, *chose agréable*.

Les adjectifs ont les deux genres, *masculin* et *féminin*. Cette différence de genres se marque ordinairement par la dernière lettre.

Comment se forme le féminin dans les adjectifs.

Règle générale. — Quand un adjectif ne finit point par un *e* muet, on y ajoute un *e* muet pour former le féminin : *prudent*, *prudente*; *saint*, *sainte*; *méchant*, *méchante*; *petit*, *petite*; *grand*, *grande*; *poli*, *polie*; *vrai*, *vraie*; etc.

Exceptions. — 1re *exception*. Les adjectifs suivans : *cruel*, *pareil*, *fol*, *mol*, *ancien*, *bon*, *gras*, *gros*, *nul*, *net*, *sot*, *épais*, etc., doublent au féminin leur dernière consonne avec l'*e* muet : *cruelle*, *pareille*, *folle*, *molle*, *ancienne*, *bonne*, *grasse*, *grosse*, *nulle*. *nette*, *sotte*, *épaisse*.

Beau et *nouveau* font au féminin *belle*, *nouvelle*, parce qu'au masculin on dit aussi *bel*, *nouvel*, devant une voyelle ou une *h* muette : *bel oiseau*, *bel homme*, *nouvel appartement*.

2e *exception*. *Blanc*, *franc*, *sec*, *frais*, font au féminin, *blanche*, *franche*, *sèche*, *fraîche*.

Public, *caduc*, font *publique*, *caduque*.

3e *exception*. Les adjectifs *bref*, *naïf*, font au féminin *brève*, *naïve*, en changeant *f* en *v*; *long* fait *longue*.

4e *exception*. *Malin*, *bénin*, font *maligne*, *bénigne*.

5e *exception.* Les adjectifs en *eur* font ordinairement leur féminin en *euse: trompeur, trompeuse; parleur, parleuse; chanteur, chanteuse;* cependant *pécheur* fait *pécheresse*, *acteur* fait *actrice*, *protecteur* fait *protectrice.*

6e *exception.* Les adjectifs terminés en *x* se changent en *se: dangereux, dangereuse; honteux, honteuse; jaloux, jalouse*, etc.; cependant *doux* fait *douce; roux* fait *rousse.*

Comment se forme le pluriel.

Le pluriel dans les adjectifs se forme comme dans les noms en ajoutant *s* à la fin : *bon*, *bonne;* au pluriel, *bons*, *bonnes*, etc.

Mais la plupart des adjectifs qui finissent par *al* n'ont pas de pluriel masculin, comme *filial*, *fatal*, *pascal*, *pastoral*, *naval*, *trivial*, *littéral*, *austral*, *boréal*, *final.*

ACCORD DES ADJECTIFS AVEC LES NOMS.

Règle. Tout adjectif doit être du même genre et du même nombre que le nom auquel il se rapporte.

Exemples : *Le bon père*, *la bonne mère; bon* est du masculin et du singulier, parce que *père* est du masculin et du singulier : *bonne* est du féminin et du singulier, parce que *mère* est du féminin et du singulier.

De beaux jardins, *de belles fleurs : beaux* est du masculin et au pluriel, parce que *jardins* est du masculin et au pluriel, etc.

Quand un adjectif se rapporte à deux noms singuliers, on met cet adjectif au pluriel, parce que deux singuliers valent un pluriel.

Exemple : *Le roi et le berger sont égaux après la mort* (et non pas *égal*).

Si les deux noms sont de différens genres, on met l'adjectif au masculin.

Exemple : *Mon père et ma mère sont* contens (et non pas *contentes*).

Quant à la place des adjectifs, il y en a qui se mettent devant le nom, comme *beau* jardin, *grand* arbre, etc. D'autres se mettent après le nom, comme *habit* rouge, *table* ronde, etc. L'usage est le seul guide à cet égard.

RÉGIME DES ADJECTIFS (1).

Règle. Pour joindre un nom à un adjectif précédent, on met *de* ou *à* entre cet adjectif et le nom : alors on appelle ce nom le *régime* de l'adjectif.

EXEMPLES : *Digne de récompense, content de son sort, utile à l'homme, semblable à son père, propre à la guerre. Récompense* est le régime de l'adjectif *digne*, parce qu'il est joint à cet adjectif par le mot *de*. L'*homme* est le régime de l'adjectif *utile*, parce qu'il est joint à cet adjectif par le mot *à*.

Degrés de signification dans les adjectifs.

On distingue dans les adjectifs trois degrés de signification, le *positif*, le *comparatif* et le *superlatif*.

Le *positif* n'est autre chose que l'adjectif même, comme *beau*, *belle*, *agréable*.

Le *comparatif*, c'est l'adjectif avec comparaison : quand on compare deux choses, on trouve que l'une est ou supérieure, ou inférieure, ou égale à l'autre.

Pour marquer un comparatif de *supériorité*, on met *plus* devant l'adjectif, comme *la rose est* plus *belle que la violette.*

Pour marquer un comparatif d'*infériorité*, l'on met *moins* devant l'adjectif, comme *la violette est* moins *belle que la rose.*

---

(1) La manière d'accorder un mot avec un autre mot, ou de faire régir un mot par un autre mot, s'appelle *syntaxe*. ainsi, la syntaxe est la manière de joindre les mots ensemble. Il y a deux sortes de syntaxes : la syntaxe d'*accord*, par laquelle on fait accorder deux mots en genre, en nombre, etc ; la syntaxe de *régime*, par laquelle un mot régit *de* et *à* devant un autre mot.

Pour marquer un comparatif d'*égalité*, on met *aussi* devant l'adjectif, comme *la rose est* aussi *belle que la tulipe.*

Le mot *que* sert à joindre les deux choses que l'on compare.

Nous avons trois adjectifs qui expriment seuls une comparaison : *meilleur*, au lieu de *plus bon*, qui ne se dit pas : *moindre* au lieu de *plus petit ; pire* au lieu de *plus mauvais :* comme *la vertu est* meilleure *que la science ; le mensonge est* pire *que l'indocilité.*

L'adjectif est au *superlatif* quand il exprime la qualité dans un très haut degré ou dans le plus haut degré. Pour former le superlatif, on met *très* ou *le plus* devant l'adjectif, comme *Paris est une* très *belle ville*, et alors le superlatif s'appelle *absolu ;* ou *Paris est* la plus *belle des villes*, et ce superlatif s'appelle *relatif*, parce qu'il marque un rapport aux autres villes.

Noms et adjectifs de nombre.

Les noms de nombre sont ceux dont on se sert pour compter.

Il y en a de deux sortes : les noms de nombre *cardinaux*, et les noms de nombre *ordinaux*.

Les noms de nombre *cardinaux* sont : *un, deux, trois, quatre, cinq, six, sept, huit, neuf*, etc.

Les noms de nombre *ordinaux* se forment des cardinaux ; ces noms sont : *premier, second, troisième, quatrième, cinquième, sixième, septième, huitième, neuvième, dixième*, etc.

Il y a des noms de nombre qui servent à marquer une certaine quantité, comme une *dizaine*, une *douzaine*, etc.

Il y en a encore d'autres qui marquent les parties d'un tout, comme la *moitié*, le *tiers*, le *quart*, etc.

Enfin, il y en a qui servent à multiplier, comme le *double*, le *triple*, etc.

CHAPITRE IV. — Du Pronom.

Le *pronom* est un mot qui tient la place du nom.

Pronoms personnels.

Les pronoms *personnels* sont ceux qui désignent les personnes.

Il y a trois personnes : la première personne est celle qui parle ; la seconde est celle à qui l'on parle ; la troisième personne est celle de qui l'on parle.

Pronom de la première personne.

Ce pronom est des deux genres ; masculin, si c'est un homme qui parle ; féminin, si c'est une femme. Exemples :

Singulier. Je *ou* moi.

Me, *se dit pour* à moi, moi. — *Le maître* me *donnera un livre*, c'est-à-dire *donnera* à moi. *Le maître* me *regarde*, c'est-à-dire *regarde* moi.

Pluriel. Nous.

Pronom de la seconde personne.

Il est des deux genres ; masculin, si c'est à un homme qu'on parle ; féminin, si c'est à une femme. Exemples :

Singulier. Tu *ou* toi.

Te, *se dit pour* à toi, toi. — *Le maître* te *donnera un livre*, c'est-à-dire *donnera* à toi. *Le maître* te *regarde*, c'est-à-dire *regarde* toi.

Pluriel. Vous.

Remarque. Par politesse on dit *vous* au lieu de *tu* au singulier ; par exemple, en parlant à un enfant : *Vous* êtes bien aimable.

Pronom de la troisième personne. — Exemples :

Singulier. *Masculin*, Il. *Féminin*, Elle.

Lui, *se dit pour* à lui, à elle. — *Je* lui *dois le respect*, c'est-à-dire *je dois* à lui, à elle

Masculin, Le.	*Je* le *connais*, c'est-à-dire *je connais* lui.
Féminin, La.	*Je* la *connais*, c'est-à-dire *je connais* elle.

PLURIEL. *Masculin*, Ils *ou* eux *Féminin*, Elles.

Leur, *se dit pour* à eux, à elles.	*Je* leur *dois le respect*, c'est-à-dire *je dois* à eux, à elles.
Les, *se dit pour* eux, elles.	*Je* les *connais*, c'est-à-dire *je connais* eux, elles

Il y a encore un pronom de la troisième personne, *soi*, *se;* il est des deux genres et des deux nombres : on l'appelle *pronom réfléchi*, parce qu'il marque le rapport d'une personne à elle-même. EXEMPLES :

De soi.

Se, *se met pour* à soi, soi.	*Il* se *donne des louanges*, c'est-à-dire *il donne* à soi.
	Il se *flatte*, c'est-à-dire *il flatte* soi.

Il y a deux mots qui servent de pronoms : SAVOIR :

1° *En*, qui signifie *de lui*, *d'elle*, *d'eux*, *d'elles*: ainsi quand on dit, *j'en parle*, on peut entendre, *je parle* de lui, d'elle, etc., selon la personne ou la chose dont le nom a été exprimé auparavant.

2° *Y*, qui signifie *à cette chose*, *à ces choses*, comme quand on dit : *je m'y applique*, c'est-à-dire, *je m'applique* à cette chose, à ces choses.

Règle des pronoms.

Les pronoms, *il*, *elle*, *ils*, *elles*, doivent toujours être du même genre et du même nombre que le nom dont ils tiennent la place : ainsi, en parlant de la tête, dites : Elle *me fait mal; elle*, parce que ce pronom se rapporte à *tête*, qui est du féminin et au singulier ; et, en parlant de plusieurs jardins, dites : Ils *sont beaux ; ils*, parce que ce pronom se rapporte *à jardins*, qui est du masculin et au pluriel.

Pronoms adjectifs.

Il y a des pronoms adjectifs qui marquent la

possession d'une chose, comme *mon* livre, *votre* cheval, *son* chapeau; c'est-à-dire le livre *qui est à moi*, le cheval *qui est à vous*, le chapeau *qui est à lui*.

SINGULIER.		PLURIEL.
Masculin.	*Féminin.*	*Des deux genres.*
Mon.	Ma.	Mes.
Ton.	Ta.	Tes.
Son.	Sa.	Ses.
Des deux genres.	Notre.	Nos.
	Votre.	Vos.
	Leur.	Leurs.

Première remarque. Ces pronoms sont toujours joints à un nom, *mon livre*, *ton chapeau*.

Deuxième remarque. Mon, *ton*, *son*, s'emploient au féminin devant une voyelle ou une *h* muette : on dit *mon* ame pour *ma* ame, *ton* humeur pour *ta* humeur, *son* épée pour *sa* épée.

Autre pronom.

SINGULIER.		PLURIEL.	
Masculin.	*Féminin.*	*Masculin*	*Féminin.*
Le mien.	La mienne.	Les miens.	Les miennes.
Le tien.	La tienne.	Les tiens.	Les tiennes.
Le sien.	La sienne.	Les siens.	Les siennes.
Le nôtre.	La nôtre.	*Des deux genres.*	Les nôtres.
Le vôtre.	La vôtre.		Les vôtres.
Le leur.	La leur.		Les leurs.

Il y a des pronoms adjectifs qui servent à montrer la chose dont on parle, comme quand je dis : *ce* livre, *cette* table, je montre un *livre*, une *table*.

SINGULIER.		PLURIEL.	
Masculin.	*Féminin.*	*Masculin.*	*Féminin.*
Ce, cet.	Cette.	Ces.	Ces.
Celui.	Celle.	Ceux.	Celles.
Celui-ci.	Celle-ci.	Ceux-ci.	Celles-ci.
Celui-là.	Celle-là.	Ceux-là.	Celles-là.
Ceci.			
Cela.			

Remarque. On met *ce* devant les noms qui commencent par une consonne ou une *h* aspirée : *ce* village, *ce* hameau. On met *cet* devant une voyelle ou une *h* muette : *cet* oiseau, *cet* homme.

Celui-ci, *celle-ci*, s'emploient pour montrer des choses qui sont proches : *celui-là*, *celle-là*, pour montrer des choses éloignées.

Il y a des pronoms *relatifs*, c'est-à-dire qui ont rapport à un nom qui est devant ; comme quand je dis : *Dieu* qui *a créé le monde; qui* se rapporte à Dieu : *le livre* que *je lis ; que* se rapporte à *livre* : le mot auquel *qui* ou *que* se rapporte s'appelle *antécédent*. Dans les deux exemples ci-dessus, *Dieu* est l'antécédent du pronom relatif *qui; livre* est l'antécédent du pronom relatif *que*.

Pronom relatif.

Qui
Dont ou de qui } *des deux genres et des deux nombres.*
Que

Règle du qui *ou* que *relatif.*

Qui, *que*, *relatif*, s'accorde avec son antécédent en *genre*, en *nombre* et en *personne* ; ainsi, dans cet exemple : *l'enfant* qui *joue; qui* est du singulier et de la troisième personne, parce que *l'enfant* est du singulier et de la troisième personne ; il est du masculin, si c'est un petit garçon qui joue ; il est du féminin, si c'est une petite fille.

Il y a des pronoms *interrogatifs : qui ? que ? quel ? quelle ?* comme quand on dit : qui *a fait cela ?* que *vous dirai-je ? Qui* ou *que* est interrogatif quand il n'a point d'antécédent, et qu'on peut le tourner par *quelle personne ?* ou *quelle chose ?* Dans les deux exemples ci-dessus on peut dire : *quelle personne* a fait cela ? *quelle chose* vous dirai-je ?

Pronoms indéfinis, c'est-à-dire qui signifient d'une manière générale.

Il y a quatre sortes de pronoms *indéfinis.*

1° Ceux qui ne se joignent jamais à un nom, comme : *on*, *quelqu'un*, *quelqu'une*, *quiconque*, *chacun*, *chacune*, *autrui*, *personne*, *rien*. Quand je dis : on *frappe à la porte*; quelqu'un *vous appelle* ; je parle d'une personne, mais je ne désigne pas quelle elle est.

2° Ceux qui sont toujours joints à un nom, comme : *quelque*, *chaque*, *quelconque*, *certain*, *certaine*; exemples : *quelque* nouvelle, *certain* auteur.

3° Ceux qui sont tantôt joints à un nom, tantôt seuls, comme : *nul*, *nulle* ; *aucun*, *aucune* ; *l'un*, *l'autre* ; *même* ; *tel*, *telle* ; *plusieurs* ; *tout*, *toute*.

4° Ceux qui sont suivis de *que*, comme, *qui* que ce soit, *quoi* que ce soit, *quel*, *quelle* que; par exemple : *quel* que soit votre mérite, *quelle* que soit votre fortune. *Quoi* que ; par exemple : *quoi* que vous fassiez. *Quelque*.... que ; par exemple : *quelques* richesses que vous ayez. *Tout*.... que ; *toute*.... que ; par exemple : *tout* savant que vous êtes, la campagne *toute* belle qu'elle est.

CHAPITRE V. — LE VERBE.

Le *verbe* est un mot dont on se sert pour exprimer que l'on est ou que l'on fait quelque chose : ainsi le mot *être*, *je suis*, est un verbe ; le mot *lire*, *je lis*, est un verbe.

On connaît un verbe en français quand on peut y ajouter ces pronoms, *je*, *tu*, *il*, *nous*, *vous*, *ils*; comme je *lis*, tu *lis*, il *lit* ; nous *lisons*, vous *lisez*, ils *lisent*.

Les pronoms *je*, *nous*, marquent la première personne, c'est-à-dire celle qui parle ; *tu*, *vous*, marquent la seconde personne ; c'est-à-dire celle à qui l'on parle ; *il*, *elle*, *ils*, *elles*, et tout nom placé devant un verbe, marquent la troisième personne, c'est-à-dire celle de qui l'on parle.

Il y a dans les verbes deux nombres ; le *singulier* quand on parle d'une seule personne, comme *je lis*, *l'enfant dort* : le *pluriel* quand on parle de plusieurs personnes, comme *nous lisons*, *les enfans dorment*.

Il y a trois temps, le *présent*, qui marque que la

chose est ou se fait actuellement, comme *je lis;* le *passé* ou *prétérit*, qui marque que la chose a été faite, comme *j'ai lu;* le *futur*, qui marque que la chose sera faite ou se fera, comme *je lirai.*

On distingue plusieurs sortes de prétérits ou passés, savoir : un *imparfait, je lisais;* trois *parfaits, je lus, j'ai lu, j'eus lu;* et un *plus-que-parfait j'avais lu.*

On distingue aussi deux futurs, le futur *simple, je lirai ;* et le futur *passé, j'aurai lu.*

Il y a cinq *modes* ou manières de signifier dans les verbes français.

1° L'*indicatif*, quand on affirme que la chose est, ou qu'elle a été, ou qu'elle sera.

2° Le *conditionnel*, quand on dit qu'une chose serait, ou qu'elle aurait été, moyennant une condition.

3° L'*impératif*, quand on commande de la faire.

4° Le *subjonctif*, quand on souhaite ou qu'on doute qu'elle se fasse.

5° L'*infinitif*, qui exprime l'action ou l'état en général, sans nombres, ni personnes, comme *lire, être.*

Réciter de suite les différens modes d'un verbe avec tous leurs temps, leurs nombres et leurs personnes, cela s'appelle *conjuguer.*

Il y a en français quatre conjugaisons différentes, que l'on distingue par la terminaison de l'infinitif.

La 1re conjugaison a l'infinitif terminé en *er*, comme *aimer.*

La 2e a l'infinitif terminé en *ir*, comme *finir.*

La 3e a l'infinitif terminé en *oir*, comme *recevoir.*

La 4e a l'infinitif terminé en *re*, comme *rendre.*

Il y a deux verbes que l'on nomme *auxiliaires*, parce qu'ils aident à conjuguer tous les autres : nous commencerons par ces deux verbes.

VERBE AUXILIAIRE *AVOIR.*

INDICATIF.

Présent. — *Sing.* J'ai. — Tu as. — Il *ou* elle a. — *Plur.* Nous avons. —

Vous avez. — Ils *ou* elles ont.

Imparfait. — J'avais. — Tu avais. — Il *ou* elle avait. — Nous avions. — Vous aviez. — Ils *ou* elles avaient.

Prétérit défini (1). — J'eus. — Tu eus. — Il eut. — Nous eûmes. — Vous eûtes. — Ils eurent.

Prétérit indéfini. — J'ai eu. — Tu as eu. — Il a eu. — Nous avons eu. — Vous avez eu. — Ils ont eu.

Prétérit antérieur. — J'eus eu. — Tu eus eu. — Il eut eu. — Nous eûmes eu. — Vous eûtes eu. — Ils eurent eu.

Plus-que-parfait. — J'avais eu. — Tu avais eu. — Il avait eu. — Nous avions eu. — Vous aviez eu. — Ils avaient eu.

Futur. — J'aurai. — Tu auras. — Il aura. — Nous aurons. — Vous aurez. — Ils auront.

Futur passé. — J'aurai eu. — Tu auras eu. — Il aura eu. — Nous aurons eu. — Vous aurez eu. — Ils auront eu.

CONDITIONNEL.

Présent. — J'aurais. — Tu aurais. — Il aurait. — Nous aurions. — Vous auriez. — Ils auraient.

Passé. — J'aurais eu. — Tu aurais eu. — Il aurait eu. — Nous aurions eu. — Vous auriez eu. — Ils auraient eu.

On dit aussi : *j'eusse eu, tu eusses eu, il eût eu, nous eussions eu, vous eussiez eu, ils eussent eu.*

IMPÉRATIF.

Point de première personne. — Aie. — Qu'il ait. — Ayons. — Ayez. — Qu'ils aient.

SUBJONCTIF.

Présent ou *futur*. — Que j'aie. — Que tu aies. — Qu'il ait. — Que nous ayons. — Que vous ayez. — Qu'ils aient.

Imparfait. — Que j'eusse. — Que tu eusses. — Qu'il eût. — Que nous eussions. — Que vous eussiez. — Qu'ils eussent.

Prétérit. — Que j'aie eu. — Que tu aies eu. — Qu'il

(1) On appelle prétérit *défini* celui qui marque un temps entièrement passé ; exemple : *j'eus hier la fièvre*. On appelle prétérit *indéfini* celui qui marque un temps dont il peut rester encore quelque partie à s'écouler ; exemple : *j'ai eu la fièvre aujourd'hui*. On appelle prétérit *antérieur* celui qui marque une chose faite avant une autre ; exemple : *dès que nous eûmes vu la fête, nous partîmes.*

ait eu. — Que nous ayons eu. — Que vous ayez eu. — Qu'ils aient eu.

Plus-que-parfait. — Que j'eusse eu. — Que tu eusses eu. — Qu'il eût eu. — Que nous eussions eu. — Que vous eussiez eu. — Qu'ils eussent eu.

INFINITIF.

Présent. — Avoir.

Preterit. — Avoir eu.

PARTICIPES.

Présent. — Ayant.

Passé. — Eu, eue, ayant eu.

Futur. — Devant avoir.

VERBE AUXILIAIRE *ÊTRE.*

INDICATIF.

Présent. — Je suis. — Tu es. — Il *ou* elle est. — Nous sommes. — Vous êtes. — Ils *ou* elles sont.

Imparfait. J'étais. — Tu étais. — Il *ou* elle était. — Nous étions — Vous étiez. — Ils *ou* elles étaient.

Prétérit défini. — Je fus. — Tu fus. — Il fut. — Nous fûmes. — Vous fûtes. — Ils furent.

Prétérit indéfini. — J'ai été. — Tu as été. — Il a été. — Nous avons été. — Vous avez été. - Ils ont été.

Prétérit antérieur. — J'eus été. — Tu eus été. — Il eut été. — Nous eûmes été. — Vous eûtes été. — Ils eurent été.

Plus-que-parfait. — J'avais été. — Tu avais été. — Il avait été. — Nous avions été. — Vous aviez été. — Ils avaient été.

Futur. — Je serai. — Tu seras. — Il sera. — Nous serons. — Vous serez. — Ils seront.

Futur passé. — J'aurai été. — Tu auras été. — Il aura été. — Nous aurons été. — Vous aurez été. — Ils auront été.

CONDITIONNEL.

Present. — Je serais. — Tu serais. — Il serait. — Nous serions. — Vous seriez. — Ils seraient

Passé. — J'aurais été. — Tu aurais été. — Il aurait été. — Nous aurions été. — Vous auriez été. — Ils auraient été.

On dit aussi : *J'eusse été, tu eusses été, il eût été, nous eussions été, vous eussiez été, ils eussent été.*

IMPÉRATIF.

Point de première personne. — Sois. — Qu'il soit. — Soyons. — Soyez. — Qu'ils soient.

SUBJONCTIF.

Présent ou *futur.*—Que je sois. — Que tu sois. — Qu'il soit. — Que nous soyons. — Que vous soyez. — Qu'ils soient.

Imparfait.—Que je fusse — Que tu fusses. — Qu'il fût. — Que nous fussions. — Que vous fussiez. — Qu'ils fussent.

Prétérit. — Que j'aie été. — Que tu aies été. — Qu'il ait été. — Que nous ayons été.—Que vous ayez été.— Qu'ils aient été.

Plus-que-parfait. — Que j'eusse été. — Que tu eusses été. — Qu'il eût été. — Que nous eussions été. — Que vous eussiez été. — Qu'ils eussent été.

INFINITIF.

Présent. — Être.

Prétérit. Avoir été.

PARTICIPES.

Présent. — Étant.

Passé. — Été, ayant été.

Futur. — Devant être.

PREMIÈRE CONJUGAISON, *en* ER.

INDICATIF.

Présent. — J'aime. — Tu aimes. — Il *ou* elle aime. — Nous aimons. — Vous aimez. — Ils *ou* elles aiment.

Imparfait. — J'aimais. — Tu aimais. — Il *ou* elle aimait. — Nous aimions. — Vous aimiez. — Ils *ou* elles aimaient.

Prétérit défini.— J'aimai. — Tu aimas. — Il aima. — Nous aimâmes. — Vous aimâtes. — Ils aimèrent.

Prétérit indéfini. — J'ai aimé. — Tu as aimé. — Il a aimé. —Nous avons aimé. — Vous avez aimé. — Ils ont aimé.

Prétérit antérieur.—J'eus aimé. — Tu eus aimé. — Il eut aimé. — Nous eûmes aimé. — Vous eûtes aimé. — Ils eurent aimé (1).

Plus-que-parfait. — J'avais aimé. — Tu avais aimé. — Il avait aimé. — Nous avions aimé. — Vous aviez aimé. — Ils avaient aimé.

Futur. — J'aimerai. — Tu aimeras. — Il aimera. — Nous aimerons. — Vous aimerez. — Ils aimeront.

Futur passé. — J'aurai aimé. — Tu auras aimé. —

---

(1) Il y a dans les quatre conjugaisons un 4e prétérit, dont on se sert rarement; le voici : *J'ai eu aimé, tu as eu aimé, il a eu aimé ; nous avons eu aimé ; vous avez eu aimé ; ils ont eu aimé.*

Il aura aimé. — Nous aurons aimé. — Vous aurez aimé. — Ils auront aimé.

CONDITIONNEL.

Présent. — J'aimerais. — Tu aimerais. — Il aimerait. — Nous aimerions. — Vous aimeriez. — Ils aimeraient.

Passé. — J'aurais aimé. — Tu aurais aimé. — Il aurait aimé. — Nous aurions aimé. — Vous auriez aimé. — Ils auraient aimé.

On dit aussi : *J'eusse aimé, tu eusses aimé, il eût aimé, nous eussions aimé, vous eussiez aimé, ils eussent aimé.*

IMPÉRATIF.

Point de première personne. — Aime. — Qu'il aime. — Aimons. — Aimez. — Qu'ils aiment.

SUBJONCTIF.

Présent ou *futur.* — Que j'aime. — Que tu aimes. — Qu'il aime. — Que nous aimions. — Que vous aimiez. — Qu'ils aiment.

Imparfait. — Que j'aimasse. — Que tu aimasses. — Qu'il aimât. — Que nous aimassions. — Que vous aimassiez. — Qu'ils aimassent.

Prétérit. — Que j'aie aimé. — Que tu aies aimé. — Qu'il ait aimé. — Que nous ayons aimé. — Que vous ayez aimé. — Qu'ils aient aimé.

Plus-que-parfait. — Que j'eusse aimé. — Que tu eusses aimé. — Qu'il eût aimé. — Que nous eussions aimé. — Que vous eussiez aimé. — Qu'ils eussent aimé.

INFINITIF.

Présent. — Aimer.

Passé. — Avoir aimé.

PARTICIPES.

Présent. — Aimant.

Passé. — Aimé, aimée, ayant aimé.

Futur. — Devant aimer.

Ainsi se conjuguent les verbes *chanter*, *danser*, et tous ceux dont l'infinitif se termine en *er*.

SECONDE CONJUGAISON, *en* IR.

INDICATIF.

Présent. — Je finis. — Tu finis. — Il finit. — Nous finissons. — Vous finissez. — Ils finissent.

Imparfait. — Je finissais. — Tu finissais. — Il finissait. — Nous finissions. — Vous finissiez. — Ils finissaient.

Prétérit défini. — Je finis. — Tu finis. — Il finit. — Nous finîmes. — Vous finîtes. — Ils finirent.

Prétérit indéfini. — J'ai fini. — Tu as fini. — Il a fini. — Nous avons fini. — Vous avez fini. — Ils ont fini.

Prétérit antérieur. — J'eus fini. — Tu eus fini. — Il eut fini. — Nous eûmes fini. — Vous eûtes fini. — Ils eurent fini.

Plus-que-parfait. — J'avais fini. — Tu avais fini. — Il avait fini. — Nous avions fini. — Vous aviez fini. — Ils avaient fini.

Futur. — Je finirai. — Tu finiras. — Il finira. — Nous finirons. — Vous finirez. — Ils finiront.

Futur passé. — J'aurai fini. — Tu auras fini. — Il aura fini. — Nous aurons fini. — Vous aurez fini. — Ils auront fini.

CONDITIONNEL.

Présent. — Je finirais. — Tu finirais. — Il finirait. — Nous finirions. — Vous finiriez. — Ils finiraient.

Passé. — J'aurais fini. — Tu aurais fini. — Il aurait fini. — Nous aurions fini. — Vous auriez fini. — Ils auraient fini.

On dit aussi : *J'eusse fini, tu eusses fini, il eût fini, nous eussions fini, vous eussiez fini, ils eussent fini.*

IMPÉRATIF.

Point de première personne. — Finis. — Qu'il finisse. — Finissons. — Finissez. — Qu'ils finissent.

SUBJONCTIF.

Présent ou *futur.* — Que je finisse. — Que tu finisses. — Qu'il finisse. — Que nous finissions. — Que vous finissiez. — Qu'ils finissent.

Imparfait. — Que je finisse. — Que tu finisses. — Qu'il finît. — Que nous finissions. — Que vous finissiez. — Qu'ils finissent.

Prétérit. — Que j'aie fini. — Que tu aies fini. — Qu'il ait fini. — Que nous ayons fini. — Que vous ayez fini. — Qu'ils aient fini.

Plus-que-parfait. — Que j'eusse fini. — Que tu eusses fini. — Qu'il eût fini. — Que nous eussions fini. — Que vous eussiez fini. — Qu'ils eussent fini.

INFINITIF.

Présent. — Finir.

Prétérit. — Avoir fini.

PARTICIPES.

Présent. — Finissant.

Passé. — Fini, finie, ayant fini.

Futur. — Devant finir.

Ainsi se conjuguent *avertir*, *guérir*, *ensevelir*, *bénir ;* mais ce dernier a deux participes, *bénit*, *bénite*, pour les choses consacrées par les prières des prêtres ; *béni*, *bénie*, partout ailleurs. *Haïr ;* mais ce verbe fait au présent de l'indicatif je *hais*, tu *hais*, il *hait ;* on prononce je *hès*, tu *hès*, il *hèt*.

TROISIÈME CONJUGAISON, *en* OIR.

INDICATIF.

Présent. — Je reçois. — Tu reçois. — Il reçoit. — Nous recevons. — Vous recevez. — Ils reçoivent.

Imparfait. — Je recevais. — Tu recevais. — Il recevait. — Nous recevions. — Vous receviez. — Ils recevaient.

Prétérit défini. — Je reçus. — Tu reçus. — Il reçut. — Nous reçûmes. — Vous reçûtes. — Ils reçurent.

Prétérit indéfini. — J'ai reçu. — Tu as reçu. — Il a reçu. — Nous avons reçu. — Vous avez reçu. — Ils ont reçu.

Prétérit antérieur. — J'eus reçu. — Tu eus reçu. — Il eut reçu. — Nous eûmes reçu. — Vous eûtes reçu. — Ils eurent reçu.

Plus-que-parfait. — J'avais reçu. — Tu avais reçu. Il avait reçu. — Nous avions reçu. — Vous aviez reçu. — Ils avaient reçu.

Futur. — Je recevrai. — Tu recevras. — Il recevra. — Nous recevrons. — Vous recevrez. — Ils recevront.

Futur passé. — J'aurai reçu. — Tu auras reçu. — Il aura reçu. — Nous aurons reçu. — Vous aurez reçu. — Ils auront reçu.

CONDITIONNEL.

Présent. — Je recevrais. — Tu recevrais. — Il recevrait. — Nous recevrions. — Vous recevriez. — Ils recevraient.

Passé. — J'aurais reçu. — Tu aurais reçu. — Il aurait reçu. — Nous aurions reçu. — Vous auriez reçu. — Ils auraient reçu.

On dit aussi : *J'eusse reçu, tu eusses reçu, il eût reçu, nous eussions reçu, vous eussiez reçu, ils eussent reçu.*

IMPÉRATIF.

Point de première personne. — Reçois. — Qu'il reçoive. — Recevons. —

Recevez. — Qu'ils reçoivent.

SUBJONCTIF.

Présent ou *futur.* — Que je reçoive. — Que tu reçoives. — Qu'il reçoive. — Que nous recevions. — Que vous receviez. — Qu'ils reçoivent.

Imparfait. — Que je reçusse. — Que tu reçusses. — Qu'il reçût. — Que nous reçussions. — Que vous reçussiez. — Qu'ils reçussent.

Prétérit.—Que j'aie reçu. — Que tu aies reçu.—Qu'il ait reçu. — Que nous ayons reçu. — Que vous ayez reçu. — Qu'ils aient reçu.

Plus-que-parfait. — Que j'eusse reçu. — Que tu eusses reçu. — Qu'il eût reçu. — Que nous eussions reçu. — Que vous eussiez reçu. — Qu'ils eussent reçu.

INFINITIF.

Présent. — Recevoir.

Prétérit. — Avoir reçu.

PARTICIPES.

Présent. — Recevant.

Passé. — Reçu, reçue, ayant reçu.

Futur. — Devant recevoir.

Ainsi se conjuguent *apercevoir*, *concevoir*, *devoir*, *percevoir*.

QUATRIÈME CONJUGAISON, *en* RE.

INDICATIF.

Présent. — Je rends. — Tu rends. — Il rend. — Nous rendons. — Vous rendez. — Ils rendent.

Imparfait. — Je rendais. — Tu rendais — Il rendait. — Nous rendions. — Vous rendiez. — Ils rendaient.

Prétérit défini. — Je rendis. — Tu rendis. — Il rendit. — Nous rendîmes. — Vous rendîtes. — Ils rendirent.

Prétérit indéfini. — J'ai rendu. — Tu as rendu. — Il a rendu. — Nous avons rendu. — Vous avez rendu. — Ils ont rendu.

Prétérit antérieur. — J'eus rendu. — Tu eus rendu. — Il eut rendu. — Nous eûmes rendu. — Vous eûtes rendu. — Ils eurent rendu.

Plus-que-parfait. — J'avais rendu.—Tu avais rendu. — Il avait rendu. — Nous avions rendu. — Vous aviez rendu. — Ils avaient rendu.

Futur. — Je rendrai. — Tu rendras. — Il rendra. — Nous rendrons. — Vous rendrez. — Ils rendront.

Futur passé. — J'aurai rendu. — Tu auras rendu. — Il aura rendu. — Nous aurons rendu. — Vous aurez rendu. — Ils auront rendu.

CONDITIONNEL.

Présent. — Je rendrais. — Tu rendrais. — Il rendrait. — Nous rendrions. — Vous rendriez. — Ils rendraient.

Passé. — J'aurais rendu. — Tu aurais rendu. — Il aurait rendu. — Nous aurions rendu. — Vous auriez rendu. — Ils auraient rendu.

On dit aussi : *J'eusse rendu, tu eusses rendu, il eût rendu, nous eussions rendu, vous eussiez rendu, ils eussent rendu.*

IMPÉRATIF.

Point de première personne. — Rends. — Qu'il rende. — Rendons. — Rendez. — Qu'ils rendent.

SUBJONCTIF.

Présent ou futur. — Que je rende. — Que tu rendes. — Qu'il rende. — Que nous rendions. — Que vous rendiez. — Qu'ils rendent.

Imparfait. — Que je rendisse. — Que tu rendisses. — Qu'il rendît. — Que nous rendissions. — Que vous rendissiez. — Qu'ils rendissent.

Prétérit. — Que j'aie rendu. — Que tu aies rendu. — Qu'il ait rendu. — Que nous ayons rendu. — Que vous ayez rendu. — Qu'ils aient rendu.

Plus-que-parfait. — Que j'eusse rendu. — Que tu eusses rendu. — Qu'il eût rendu. — Que nous eussions rendu. — Que vous eussiez rendu. — Qu'ils eussent rendu.

INFINITIF.

Présent. — Rendre.
Prétérit. — Avoir rendu.

PARTICIPES.

Présent. — Rendant.
Passé. — Rendu, rendue, ayant rendu.
Futur. — Devant rendre.

Ainsi se conjuguent *attendre*, *entendre*, *suspendre*, *vendre*.

Des temps primitifs.

On appelle *temps primitifs* d'un verbe ceux qui servent à former les autres temps dans les quatre con-

TABLEAU DES TEMPS PRIMITIFS.

	Présent de l'Infinitif.	Participe présent.	Participe passé.	Présent de l'Indicatif.	Prétérit de l'Indicatif.
1.re CONJ.	Aimer.	Aimant.	Aimé.	J'aime.	J'aimai.
2.e CONJUGAISON.	Finir. Sentir. Ouvrir. Tenir.	Finissant. Sentant. Ouvrant. Tenant.	Fini. Senti. Ouvert. Tenu.	Je finis. Je sens. J'ouvre. Je tiens.	Je finis. Je sentis. J'ouvris. Je tins.
3.e CONJ.	Recevoir.	Recevant.	Reçu.	Je reçois.	Je reçus.
4.e CONJUGAISON.	Rendre. Plaire. Paraître. Réduire. Plaindre.	Rendant. Plaisant. Paraissant. Réduisant. Plaignant.	Rendu. Plu. Paru. Réduit. Plaint.	Je rends. Je plais. Je parais. Je réduis. Je plains.	Je rendis. Je plus. Je parus. Je réduisis. Je plaignis.

Formation des temps dérivés (1).

I. Du présent de l'indicatif se forme l'impératif, en ôtant seulement le pronom *je ;* exemples : *j'aime*, impératif, *aime ; je finis*, imp. *finis ; je reçois*, imp. *reçois ; je rends*, imp. *rends*.

(1) On appelle *temps dérivés* ceux qui se forment des *temps primitifs*.

Excepté quatre verbes : *je suis*, imp. *sois ; j'ai*, imp. *aie ; je vais*, imp. *va ; je sais*, imp. *sache*.

II. Du prétérit de l'indicatif se forme l'imparfait du subjonctif, en changeant *ai* en *asse* pour la première conjugaison ; *j'aimai*, imparfait du subjonctif *que j'aimasse ;* et en ajoutant seulement *se* pour les trois autres conjugaisons : *je finis. je finisse ; je reçus, je reçusse ; je rendis, je rendisse.*

III. Du présent de l'infinitif on forme :

1° Le futur de l'indicatif, en changeant *r* ou *re* en *rai ;* exemples : *aimer, j'aimerai ; finir, je finirai ; rendre, je rendrai.*

Exceptions. — 1re conjugaison : *Aller*, futur, *j'irai ; envoyer, j'enverrai.*

2e conjugaison. *Tenir*, futur, *je tiendrai ; venir, je viendrai ; courir, je courrai ; cueillir, je cueillerai ; mourir. je mourrai ; acquérir, j'acquerrai.*

3e conjugaison. *Recevoir*, futur, *je recevrai ; avoir, j'aurai ; échoir, j'écherrai ; pouvoir, je pourrai ; savoir, je saurai ; s'asseoir, je m'asseyerai ; voir, je verrai ; vouloir, je voudrai ; valoir, je vaudrai ; falloir, il faudra ; pleuvoir, il pleuvra.*

4e conjugaison. *Faire*, futur, *je ferai ; être, je serai.*

2° Du futur de l'indicatif on forme le conditionnel présent, en changeant *rai* en *rais*, sans exception : *j'aimerai*, conditionnel, *j'aimerais ; je finirai, je finirais ; je recevrai, je recevrais ; je rendrai, je rendrais.*

IV. Du participe présent on forme :

1° L'imparfait de l'indicatif, en changeant *ant* en *ais : aimant*, imparfait, *j'aimais ; finissant, je finissais ; recevant, je recevais ; rendant, je rendais.*

Exceptions. — Il n'y a que deux exceptions : *ayant, j'avais ; sachant, je savais.*

2° Du même participe on forme la première personne plurielle du présent de l'indicatif en changeant *ant* en *ons : aimant, nous aimons ; finissant, nous fi-*

nissons; recevant, nous recevons; rendant, nous rendons.

Excepté : *étant, nous sommes; ayant, nous avons; sachant, nous savons.*

On forme aussi la seconde personne plurielle en *ez : vous aimez, vous finissez, vous recevez, vous rendez.*

Excepté : *faisant, vous faites; disant, vous dites;*

Et la troisième personne en *ent : ils aiment, ils finissent*, etc.

3° Du même participe présent on forme le présent du subjonctif, en changeant *ant* en *e* muet : *aimant, que j'aime; finissant, que je finisse; rendant, que je rende.*

Exceptions. — 1re conjugaison. *Allant, que j'aille.*

2e conjugaison. *Tenant, que je tienne; venant, que je vienne; acquérant, que j'acquière.*

3e conjugaison. *Recevant, que je reçoive; pouvant, que je puisse; valant, que je vaille; voulant, que je veuille* (1); *mouvant, que je meuve; faillant, qu'il faille.*

4e conjugaison. *Buvant, que je boive; faisant, que je fasse; étant, que je sois.*

V. Du participe passé on forme tous les temps composés (de deux mots), en y joignant les temps des verbes auxiliaires *avoir, être;* comme *j'ai aimé, j'ai fini, j'ai reçu, j'ai rendu; j'avais aimé, j'avais fini, j'avais reçu, j'avais rendu; j'aurai aimé, j'aurai fini, j'aurai reçu, j'aurai rendu; que j'eusse aimé, que j'eusse fini, que j'eusse reçu, que j'eusse rendu*, etc.

VERBES IRRÉGULIERS.

On appelle *irréguliers* les verbes qui ne suivent pas toujours la règle générale des conjugaisons.

Plusieurs de ces verbes ne sont pas usités à certains temps et à certaines personnes.

---

(1) *Que tu veuilles, qu'il veuille, que nous voulions, que vous vouliez, qu'ils veuillent.*

TEMPS PRIMITIFS DES VERBES IRRÉGULIERS.

PREMIÈRE CONJUGAISON.

Présent de l'Infinitif.	*Participe présent.*	*Participe passé.*	*Présent de l'Indicatif.*	*Prétérit de l'Indicatif.*
Aller.	Allant.	Allé.	Je vais.	J'allai.
Puer.	Puant.	Pué.	Je pue.	Je puai.

SECONDE CONJUGAISON.

Courir.	Courant.	Couru.	Je cours.	Je courus.
Cueillir.	Cueillant.	Cueilli.	Je cueille.	Je cueillis.
Fuir.	Fuyant.	Fui.	Je fuis.	Je fuis.
Mourir.	Mourant.	Mort.	Je meurs.	Je mourus.
Faillir.		Failli.		Je faillis.
Acquérir.	Acquérant.	Acquis.	J'acquiers.	J'acquis.
Saillir.	Saillant.	Sailli.	Il saille.	Il saillit.
Tressaillir.	Tressaillant	Tressailli.	Je tressaille	Je tressaillis
Vêtir.	Vêtant.	Vêtu.	Je vêts.	Je vêtis.
Revêtir.	Revêtant.	Revêtu.	Je revêts.	Je revêtis.

TROISIÈME CONJUGAISON.

Choir.				
Déchoir.		Déchu.	Je déchois.	Je déchus.
Echoir.	Echéant.	Echu.	Il échet.	J'échus.
Falloir.		Fallu.	Il faut.	Il fallut.
Mouvoir.	Mouvant.	Mu.	Je meus.	Je mus.
Pleuvoir.	Pleuvant.	Plu.	Il pleut.	Il plut.
Pouvoir.	Pouvant.	Pu.	Je puis.	Je pus.
Savoir.	Sachant.	Su.	Je sais.	Je sus.
S'asseoir.	S'asseyant.	Assis.	Je m'assieds	Je m'assis.
Surseoir.		Sursis.	Je sursois.	Je sursis.
Valoir.	Valant.	Valu.	Je vaux.	Je valus.
Voir.	Voyant.	Vu.	Je vois.	Je vis.
Pourvoir.	Pourvoyant	Pourvu.	Je pourvois.	Je pourvus.
Vouloir.	Voulant.	Voulu.	Je veux.	Je voulus.

QUATRIÈME CONJUGAISON.

Présent de l'Infinitif.	Participe présent.	Participe passé.	Présent de l'Indicatif.	Prétérit de l'Indicatif.
Battre.	Battant.	Battu.	Je bats.	Je battis.
Boire.	Buvant.	Bu.	Je bois.	Je bus.
Braire.			Il brait.	
Bruire.	Bruyant.			
Circoncire		Circoncis.	Je circoncis	Je circoncis
Clore.		Clos.	Je clos.	
Conclure.	Concluant.	Conclu.	Je conclus.	Je conclus.
Confire.		Confit.	Je confis.	Je confis.
Coudre.	Cousant.	Cousu.	Je couds.	Je cousis.
Croire.	Croyant.	Cru.	Je crois.	Je crus.
Dire.	Disant.	Dit.	Je dis.	Je dis.
Maudire.	Maudissant.	Maudit.	Je maudis.	Je maudis.
Ecrire.	Ecrivant.	Ecrit.	J'écris.	J'écrivis.
Exclure.	Excluant.	Exclus.	J'exclus.	J'exclus.
Faire.	Faisant.	Fait.	Je fais.	Je fis.
Prendre.	Prenant.	Pris.	Je prends.	Je pris.
Lire.	Lisant.	Lu.	Je lis.	Je lus.
Luire.	Luisant.	Lui.	Je luis.	
Mettre.	Mettant.	Mis.	Je mets.	Je mis.
Moudre.	Moulant.	Moulu.	Je mouds.	Je moulus.
Naître.	Naissant.	Né.	Je nais.	Je naquis
Nuire.	Nuisant.	Nui.	Je nuis.	Je nuisis.
Rire.	Riant.	Ri.	Je ris.	Je ris.
Rompre.	Rompant.	Rompu.	Je romps.	Je rompis.
Absoudre.	Absolvant.	Absous.	J'absous.	
Résoudre.	Résolvant.	Résous, résolu.	Je résous.	Je résolus.
Suffire.	Suffisant.	Suffi.	Je suffis.	Je suffis.
Suivre.	Suivant.	Suivi.	Je suis.	Je suivis.
Traire.	Trayant.	Trait.	Je trais.	
Vaincre.	Vainquant.	Vaincu.	Je vaincs.	Je vainquis.
Vivre.	Vivant.	Vécu.	Je vis.	Je vécus.

Nous ne marquons pas les verbes *composés*, parce qu'ils suivent la conjugaison de leurs *simples* : par exemple, les composés *promettre*, *admettre*, etc., se conjuguent comme le verbe simple *mettre*.

Au moyen de cette table, et des règles que nous avons données sur la formation des temps, il n'y a point de verbe qu'on ne puisse conjuguer.

Accord des verbes avec leur nominatif ou sujet.

On appelle *sujet* ou *nominatif* d'un verbe ce qui est ou ce qui fait la chose qu'exprime le verbe. On trouve le nominatif en mettant *qui est-ce qui?* devant le verbe. La réponse à cette question indique le nominatif; quand je dis : *l'enfant est sage : Qui est-ce qui est sage ?* Réponse, *l'enfant;* voilà le nominatif du verbe *est. Le lièvre court : Qui est-ce qui court ?* Réponse, *le lièvre :* voilà le nominatif du verbe *court.*

Règle. — Tout verbe doit être du même nombre et de la même personne que son nominatif ou sujet.

Ex. : *Je parle: parle* est du nombre singulier et de la première personne, parce que *je*, son nominatif, est du singulier et de la première personne. *Vous parlez tous deux : parlez* est au nombre pluriel, et de la seconde personne, parce que *vous* est au nombre pluriel et de la seconde personne.

Première remarque. Quand un verbe a deux sujets singuliers, on met ce verbe au pluriel.

Ex. : *Mon frère et ma sœur* lisent.

Deuxième remarque. Quand les deux sujets sont de différentes personnes, on met le verbe à la plus noble personne : la première est plus noble que la seconde ; la seconde est plus noble que la troisième.

Ex. : *Vous et moi* nous lisons.

Vous et votre frère vous lisez.

(La politesse veut qu'on nomme d'abord la personne à qui l'on parle, et qu'on se nomme le dernier.)

RÉGIME DES VERBES ACTIFS.

On appelle verbe *actif* celui après lequel on peut mettre *quelqu'un, quelque chose. Aimer* est un verbe actif, parce qu'on peut dire, *aimer quelqu'un.* Par exemple, *j'aime Dieu ;* ce mot, qui suit le verbe actif, s'appelle le *régime* de ce verbe. On connaît le régime en faisant la question *qu'est-ce que?* Exemple : *qu'est-ce que j'aime?* Réponse ; *Dieu. Dieu* est le régime du verbe *j'aime.*

Règle. — Le régime d'un verbe actif se place ordinairement après le verbe (quand ce n'est pas un pronom).

Ex. : *J'aime Dieu.*

Le chat mange la *souris : la souris* est le régime du verbe *mange.*

Mais quand le régime est un pronom, il se met devant le verbe.

Ex. : *Je* vous *aime*, pour *j'aime* vous ; *il* m'*aime*, pour *il aime* moi.

Remarque. Outre ce premier régime, qu'on appelle *direct*, certains verbes actifs peuvent avoir un second régime, qu'on appelle *indirect :* ce second régime se marque par les mots *a* ou *de :* comme *donner une image* à *l'enfant ; enseigner la grammaire* à *l'enfant ; écrire une lettre* à *son ami : à l'enfant* est le régime indirect des verbes *donner, enseigner ; à son ami* est le régime indirect du verbe *écrire. Accuser quelqu'un* de *mensonge ; avertir quelqu'un* d'*une faute ; délivrer quelqu'un* du *danger : de mensonge* est le régime indirect du verbe *accuser*, etc.

Tout verbe actif a un passif : ce passif se forme en prenant le régime *direct* de l'actif pour en faire le nominatif du verbe passif, et en ajoutant après le verbe le mot *par* ou *de.* Ainsi pour tourner par le passif cette phrase : *le chat mange la souris*, dites : *la souris est mangée* par *le chat : j'aime mon père tendrement*, dites : *mon père est tendrement aimé* de *moi.*

CONJUGAISON DES VERBES PASSIFS.

Il n'y a qu'une seule conjugaison pour tous les verbes passifs ; elle se fait avec l'auxiliaire *être* dans tous ses temps, et le participe passé du verbe qu'on veut conjuguer.

INDICATIF.

Présent. — Je suis aimé, *ou* aimée. — Tu es aimé, *ou* aimée. — Il est aimé, *ou* elle est aimée. — Nous sommes aimés, *ou* aimées. — Vous êtes aimés, *ou* aimées. — Ils sont aimés, *ou* elles sont aimées.

Imparfait. — J'étais aimé, *ou* aimée. — Tu étais aimé, *ou* aimée. — Il était aimé, *ou* elle était aimée. — Nous étions aimés, *ou* aimées. — Vous étiez aimés, *ou* aimées. — Ils étaient aimés, *ou* elles étaient aimées.

Prétérit défini. — Je fus aimé, *ou* aimée. — Tu fus aimé, *ou* aimée. — Il fut aimé, *ou* elle fut aimée. — Nous fûmes aimés, *ou* aimées. — Vous fûtes aimés, *ou* aimées. — Ils furent aimés, *ou* elles furent aimées.

Prétérit indéfini. — J'ai été aimé, *ou* aimée. — Tu as été aimé, *ou* aimée. — Il a été aimé, *ou* elle a été aimée. — Nous avons été aimés, *ou* aimées. — Vous avez été aimés, *ou* aimées. — Ils ont été aimés, *ou* elles ont été aimées.

Prétérit antérieur. — J'eus été aimé, *ou* aimée. — Tu eus été aimé, *ou* aimée. — Il eut été aimé, *ou* elle eut été aimée. — Nous eûmes été aimés, *ou* aimées. — Vous eûtes été aimés, *ou* aimées. — Ils eurent été aimés, *ou* elles eurent été aimées.

Plus-que-parfait. — J'avais été aimé, *ou* aimée. — Tu avais été aimé, *ou* aimée. — Il avait été aimé, *ou* elle avait été aimée. — Nous avions été aimés, *ou* aimées. — Vous aviez été aimés, *ou* aimées. — Ils avaient été aimés, *ou* elles avaient été aimées.

Futur. — Je serai aimé, *ou* aimée. — Tu seras aimé, *ou* aimée. — Il sera aimé, *ou* elle sera aimée. — Nous serons aimés, *ou* aimées. — Vous serez aimés, *ou* aimées. — Ils seront aimés, *ou* elles seront aimées.

Futur passé. — J'aurai été aimé, *ou* aimée. — Tu auras été aimé, *ou* aimée. — Il aura été aimé, *ou* elle aura été aimée. — Nous aurons été aimés, *ou* aimées. — Vous aurez été aimés, *ou* aimées. — Ils auront été aimés, *ou* elles auront été aimées.

CONDITIONNEL.

Présent. — Je serais aimé, *ou* aimée. — Tu serais aimé *ou* aimée. — Il serait aimé, *ou* elle serait aimée. — Nous serions aimés, *ou* aimées. — Vous seriez aimés, *ou* aimées. — Ils seraient aimés, *ou* elles seraient aimées.

Passé. — J'aurais été aimé, *ou* aimée. — Tu aurais été aimé, *ou* aimée. — Il aurait été aimé, *ou* elle aurait été aimée. — Nous au rions été aimés, *ou* aimées. — Vous auriez été aimés, *ou* aimées. — Ils auraient été aimés, *ou* elles auraient été aimées.

On dit aussi : *J'eusse été aimé*, ou *aimée ; tu eusses été aimé*, ou *aimée ; il eût été aimé*, ou *elle eût été aimée ; nous eussions été aimés*, ou *aimées ; vous eussiez été aimés*, ou *aimées ; ils eussent été aimés*, ou *elles eussent été aimées.*

IMPÉRATIF.

Point de première personne. — Sois aimé, *ou* aimée. — Qu'il soit aimé, *ou* qu'elle soit aimée. — Soyons aimés, *ou* aimées. — Soyez aimés, *ou* aimées. — Qu'ils soient aimés, *ou* qu'elles soient aimées.

SUBJONCTIF.

Présent ou *futur.* — Que je sois aimé, *ou* aimée. — Que tu sois aimé, *ou* aimée. — Qu'il soit aimé, *ou* qu'elle soit aimée. — Que nous soyons aimés, *ou* aimées. — Que vous soyez aimés, *ou* aimées. — Qu'ils soient aimés, *ou* qu'elles soient aimées.

Imparfait — Que je fusse aimé, *ou* aimée. — Que tu fusses aimé, ou aimée. — Qu'il fût aimé, *ou* qu'elle fût aimée. — Que nous fussions aimés, *ou* aimées. — Que vous fussiez aimés, *ou* aimées. — Qu'ils fussent aimés, *ou* qu'elles fussent aimées.

Prétérit. — Que j'aie été aimé, *ou* aimée. — Que tu aies été aimé, *ou* aimée. — Qu'il ait été aimé, *ou* qu'elle ait été aimée — Que nous ayons été aimés, *ou* aimées. — Que vous ayez été aimés, *ou* aimées. — Qu'ils aient été aimés, *ou* qu'elles aient été aimées.

Plus-que-parfait. — Que j'eusse été aimé, *ou* aimée. — Que tu eusses été aimé, *ou* aimée. — Qu'il eût été aimé, *ou* qu'elle eût été aimée. — Que nous eussions été aimés, *ou* aimées. — Que vous eussiez été aimés, *ou* aimées. — Qu'ils eussent été aimés, *ou* qu'elles eussent été aimées.

INFINITIF.

Présent. — Être aimé, *ou* aimée.

Prétérit. — Avoir été aimé, *ou* aimée.

PARTICIPES.

Présent. — Étant aimé, *ou* aimée.

Passé. — Ayant été aimé, *ou* aimée.

Futur. — Devant être aimé, *ou* aimée.

Ainsi se conjuguent *être fini, être reçu, être rendu*, etc.

RÉGIME DES VERBES PASSIFS.

Règle. — On met *de* ou *par* devant le nom ou pronom qui suit le verbe passif.

Ex. : *La souris est mangée* par *le chat.*

Un enfant sage est aimé de *ses parens.*

Remarque. N'employez jamais *par* avec le nom *Dieu:* dites : *Les méchans seront punis* de *Dieu*, et non pas *seront punis* par *Dieu.*

VERBES NEUTRES.

On appelle *neutres* les verbes après lesquels on ne peut pas mettre *quelqu'un*, ni *quelque chose : languir, dormir*, sont des verbes neutres, parce qu'on ne peut pas dire *languir quelqu'un, dormir quelque chose*, etc. (On les appelle *neutres*, parce qu'ils ne sont ni *actifs* ni *passifs.)*

La plupart des verbes neutres se conjuguent comme les verbes actifs, avec l'auxiliaire *avoir : je dors, j'ai dormi, j'avais dormi, j'aurais dormi*, etc.

Mais il y a des verbes neutres qui se conjuguent dans leurs temps composés avec l'auxiliaire *être*, comme *venir, arriver, tomber*, etc.

CONJUGAISON DES VERBES NEUTRES.

INDICATIF.

Présent. — Je tombe. — Tu tombes. — Il *ou* elle tombe. — Nous tombons. — Vous tombez. — Ils *ou* elles tombent.

Imparfait. — Je tombais — Tu tombais. — Il *ou* elle tombait. — Nous tombions. — Vous tombiez. — Ils *ou* elles tombaient.

Prétérit défini. — Je tombai. — Tu tombas. — Il *ou* elle tomba. — Nous tom bâmes. — Vous tombâtes. — Ils *ou* elles tombèrent.

Prétérit indéfini. — Je suis tombé, *ou* tombée, etc.

Prétérit antérieur. — Je fus tombé, *ou* tombée, etc.

Plus-que-parfait — J'étais tombé, *ou* tombée, etc.

Futur. — Je tomberai. — Tu tomberas. — Il *ou* elle tombera. — Nous tomberons. — Vous tomberez. — Ils *ou* elles tomberont.

Futur passé. — Je serai tombé, *ou* tombée, etc.

CONDITIONNEL.

Présent. — Je tomberais. — Tu tomberais. — Il *ou* elle tomberait. – Nous tomberions. — Vous tomberiez. — Ils *ou* elles tomberaient.

Passé. — Je serais tombé, *ou* tombée, etc.

On dit aussi : *Je fusse tombé*, ou *tombée*, etc.

IMPÉRATIF.

Point de première personne. — Tombe. — Qu'il *ou* qu'elle tombe. — Tombons. — Tombez. — Qu'ils *ou* qu'elles tombent.

SUBJONCTIF.

Présent ou *futur.* — Que je tombe. — Que tu tombes. — Qu'il *ou* qu'elle tombe. — Que nous tombions. — Que vous tombiez. — Qu'ils *ou* qu'elles tombent.

Imparfait. — Que je tombasse. — Que tu tombasses. — Qu'il *ou* qu'elle tombât. — Que nous tombassions. — Que vous tombassiez. — Qu'ils *ou* qu'elles tombassent.

Prétérit. — Que je sois tombé, *ou* tombée, etc.

Plus-que-parfait. — Que je fusse tombé, *ou* tombée, etc.

INFINITIF.

Présent. — Tomber.

Prétérit. — Être tombé, *ou* tombée.

PARTICIPES.

Présent. — Tombant.

Passé. — Tombé, tombée, étant tombé *ou* tombée.

Futur. — Devant tomber.

Conjuguez de même les verbes *aller*, *arriver*, *déchoir*, *décéder*, *entrer*, *sortir*, *mourir*, *naître*, *partir*, *rester*, *descendre*, *monter*, *passer*, *venir* et ses composés, *devenir*, *survenir*, *revenir*, *parvenir*, etc., etc.

Il y a des verbes neutres qui ont un régime.

RÉGIME DES VERBES NEUTRES.

RÈGLE. — On met *à* ou *de* devant le nom ou pronom qui suit le verbe neutre. Ex. :

A	DE
Nuire à *la santé.*	*Médire* de *quelqu'un.*
Plaire au *Seigneur.*	*Profiter* des *leçons.*
Convenir à *quelqu'un.*	*Jouir* de la *liberté.*

VERBES RÉFLÉCHIS.

On appelle verbes *réfléchis* ceux dont le nominatif et le régime sont la même personne, comme *je me flatte*, *tu te loues*, *il se blesse*, etc., etc.

Les verbes *réfléchis* se conjuguent comme le verbe *tomber*, c'est-à-dire qu'ils prennent l'auxiliaire *être* aux temps composés. Nous ne mettrons ici que les premières personnes.

CONJUGAISON DES VERBES RÉFLÉCHIS.

INDICATIF.

Présent. — Je me repens, etc.

Imparfait. — Je me repentais, etc.

Prétérit défini. — Je me repentis, etc.

Prétérit indéfini. — Je me suis repenti, *ou* repentie.

Prétérit antérieur. — Je me fus repenti, *ou* repentie.

Plus-que-parfait. — Je m'étais repenti, *ou* repentie.

Futur.—Je me repentirai.

Futur passé. — Je me serai repenti, *ou* repentie.

CONDITIONNEL.

Présent. — Je me repentirais.

Passé. — Je me serais repenti, *ou* repentie.

On dit aussi : *Je me fusse repenti*, ou *repentie.*

IMPÉRATIF.

Point de première personne. — Repens-toi. — Qu'il *ou* qu'elle se repente. — Repentons-nous. — Repentez-vous. — Qu'ils *ou* qu'elles se repentent.

SUBJONCTIF.

Présent ou *futur.* — Que je me repente.

Imparfait. — Que je me repentisse.

Prétérit. — Que je me sois repenti, *ou* repentie.

Plus-que-parfait. — Que je me fusse repenti, *ou* repentie.

INFINITIF.

Présent. — Se repentir.

Prétérit. — S'être repenti, *ou* repentie.

PARTICIPES.

Présent. — Se repentant.

Passé. —Repenti, s'étant repenti, *ou* repentie.

Futur. — Devant se repentir.

Remarque. Me, te, se, nous, vous, qui sont le régime des verbes réfléchis, sont quelquefois régime *direct*, comme dans *je me flatte*, c'est-à-dire *je flatte* moi; *tu te blesseras*, c'est-à-dire *tu blesseras* toi : et quelquefois ils sont régime *indirect*, comme dans cet exemple, *je me fais une loi*, c'est-à-dire *je fais* à moi *une loi*; *il s'est fait honneur*, c'est-à-dire *il a fait honneur* à soi, etc.

VERBES IMPERSONNELS.

On appelle verbe *impersonnel* celui qui ne s'emploie dans tous les temps qu'à la 3ᵉ personne du singulier, comme *il faut*, *il importe*, *il pleut*, etc. Il se conjugue à cette 3ᵉ personne comme les autres verbes.

CONJUGAISON DES VERBES IMPERSONNELS.

INDICATIF.

Présent. — Il faut.
Imparfait. — Il fallait.
Prétérit défini. — Il fallut.
Prétérit indéfini. — Il a fallu.
Prétérit antérieur. — Il eut fallu.
Plus-que-parfait. — Il avait fallu.
Futur. — Il faudra.
Futur passé. - Il aura fallu.

CONDITIONNEL.

Présent. — Il faudrait.
Passé. — Il aurait fallu.

SUBJONCTIF.

Présent ou futur. — Qu'il faille.
Imparfait. — Qu'il fallût.
Prétérit. — Qu'il ait fallu.
Plus-que-parfait. — Qu'il eût fallu.

INFINITIF.

Présent. — Falloir.

PARTICIPE.

Passé. — Ayant fallu.

Remarque Le mot *il* ne marque un verbe *impersonnel* que lorsqu'on ne peut pas mettre un nom à sa place; car lorsqu'en parlant d'un enfant, on dit, *il joue*, ce n'est pas un impersonnel, parce qu'à la place du mot *il*, on peut mettre *l'enfant*, et dire : *l'enfant joue.*

CHAPITRE VI. — LE PARTICIPE.

Le *participe* est un mot qui tient du verbe et de l'adjectif, comme *aimant*, *aimé* : il tient du verbe, en ce qu'il en a la signification et le régime : *aimant Dieu*, *aimé de Dieu* : il tient aussi de l'adjectif, en ce qu'il qualifie une personne ou une chose, c'est-à-dire qu'il en marque la qualité.

ACCORD DES PARTICIPES.

Participe présent, *aimant*, *finissant*, *recevant*, *rendant*.

Règle. Le participe présent ne varie jamais, c'est-à-dire qu'il ne prend ni genre, ni nombre. Ex. :

Un homme lisant.	*Une femme* lisant.
Des hommes lisant.	*Des femmes* lisant.

Remarque. Ce qu'on appelle *gérondif* n'est autre chose que le participe présent devant lequel on met le mot *en*, comme : *les jeunes gens se forment l'esprit* en *lisant de bons livres* (1).

Participe passé, *aimé*, *fini*, *reçu*, *rendu*.

Le participe passé s'accorde ou avec son nominatif, ou avec son régime.

Accord du participe passé avec le nominatif.

Première règle. Le participe passé, quand il est accompagné du verbe auxiliaire *être*, s'accorde en genre et en nombre avec son nominatif ou sujet, c'est-à-dire que l'on ajoute *e* si le sujet est féminin, et *s* si le sujet est pluriel. Ex. :

---

(1) Il ne faut pas confondre avec le participe présent certains adjectifs verbaux (c'est-à-dire qui viennent des verbes). On dit : *un homme* obligeant, *une femme* obligeante : ce ne sont pas des participes, parce qu'ils n'ont pas de régime; mais quand je dis : *cette femme est d'un bon caractère*, obligeant *tout le monde quand elle peut; obligeant* est ici *participe*, puisqu'il a le régime *tout le monde*.

Mon frère a été puni.	*Ma sœur a été* punie.
Mes frères ont été punis.	*Mes sœurs ont été* punies (1).
Mon frère est tombé.	*Ma sœur est* tombée.
Mes frères sont tombés.	*Mes sœurs sont* tombées.

Exception unique. Dans les temps composés des verbes *réfléchis*, le participe ne s'accorde pas avec son nominatif; on dit d'une femme, *elle s'est* mis *cela dans la tête* (et non pas *mise*); *quelques païens se sont* donné *la mort* (et non pas se sont *donnés*).

Deuxième règle. Mais quand le participe passé est accompagné du verbe auxiliaire *avoir*, il ne s'accorde jamais avec son nominatif. Ex. :

Mon père a écrit *une lettre.*	*Ma mère* a écrit *une lettre.*
Mes frères ont écrit *une lettre.*	*Mes sœurs* ont écrit *une lettre.*

(Le participe *écrit* ne change point, quoique le nominatif soit masculin ou féminin, singulier ou pluriel.)

Accord du participe passé avec le régime.

Première règle. Le participe passé s'accorde toujours avec son régime *direct*, quand ce régime est devant le participe. Ex. :

La lettre que vous avez écrite, *je l'ai* lue.
Les livres que j'avais prêtés, *on les a* rendus.
Quelle affaire avez-vous entreprise ?
Combien d'ennemis n'a-t-il pas vaincus !
Quand la race de Caïn se fut multipliée......

On voit que le régime mis devant le participe est ordinairement l'un des pronoms : *que, me, te, se, le, la, les, nous, vous, quels.*

Deuxième règle. Mais quand le régime n'est placé qu'après le participe, ce participe ne s'accorde pas avec son régime. Ex. :

(1) Le participe *été* n'a ni féminin, ni pluriel; on dit : *elle a été*, *ils ont été*.

J'ai écrit *une lettre.*	*J'ai* écrit *des lettres.*
Vous avez acheté *un livre.*	*Vous avez* acheté *des livres.*

(*Ecrit*. *acheté*, ne changent pas, quoique le régime soit singulier ou pluriel, masculin ou féminin, parce que ce régime est après le participe.)

Remarque. On dit sans faire accorder : *les vertus que j'ai* entendu *louer*, *les vices que j'ai* résolu *d'éviter*. *Que* n'est pas ici le régime des participes *entendu*, *résolu*, mais des infinitifs suivans, *louer*, *éviter*.

Pour connaître si le régime dépend du participe, il faut voir si l'on peut mettre ce régime immédiatement après le participe. On ne peut pas dire ici : *j'ai entendu les vertus ; j'ai résolu les vices.*

CHAPITRE VII. — La Préposition.

La *préposition* est un mot qui sert à joindre le nom ou pronom suivant au mot qui la précède : par exemple, quand je dis ; *le fruit* de *l'arbre ; de* marque le rapport qu'il y a entre *fruit* et *arbre :* quand je dis, *utile* à *l'homme*, *à* fait rapporter le nom *homme* à l'adjectif *utile :* quand je dis, *j'ai reçu* de *mon père*, *de* sert à joindre le nom *père* au verbe *reçu*, etc. *De*, *à*, sont des prépositions ; le mot qui suit s'appelle le *régime* de la *préposition.*

Cette espèce de mots s'appelle *préposition* parce qu'elle se met ordinairement devant le nom qu'elle régit.

PRÉPOSITIONS FRANÇAISES.

Pour marquer la place ou le lieu.

A. Attacher *à* la muraille ; vivre *à* Paris ; aller *à* Rome.
Dans. Etre *dans* la maison ; serrer *dans* une cassette.
En. Être *en* Italie ; voyager *en* Allemagne.
De. Sortir *de* la ville ; venir *de* la province.
Chez. Être *chez* un ami ; ce livre est *chez* le libraire.
Devant. Le berger marche *devant* le troupeau ; allez *devant* moi.

Après. J'irai *après* vous ; courir *après* quelqu'un.

Derrière. Les laquais vont *derrière* leur maître ; se cacher *derrière* un mur.

Parmi. Cet officier fut trouvé *parmi* les morts.

Sur. Avoir son chapeau *sur* la tête ; mettre un flambeau *sur* la table.

Sous. Mettre un tapis *sous* les pieds ; tout ce qui est *sous* le ciel.

Vers. Les yeux levés *vers* le ciel ; l'aimant se tourne *vers* le nord.

Pour marquer l'ordre.

Avant. La nouvelle est arrivée *avant* le courrier.

Entre. Tenir un enfant *entre* ses bras ; *entre* le printemps et l'automne.

Dès. Cette rivière est navigable *dès* sa source ; *dès* sa plus tendre enfance.

Depuis. *Depuis* Paris jusqu'à Orléans ; *depuis* la création jusqu'au déluge.

Pour marquer l'union.

Avec. Manger *avec* ses amis ; il est parti *avec* la fièvre.

Pendant. *Pendant* la guerre.

Durant. *Durant* la guerre.

Outre. Compagnie de cent hommes *outre* les officiers.

Selon. Se conduire *selon* la raison.

Suivant. *Suivant* la loi.

Pour marquer la séparation.

Sans. Les soldats *sans* leurs officiers.

Hors. Tout est perdu *hors* l'honneur.

Excepté. Tout est perdu, *excepté* l'honneur.

Pour marquer opposition.

Contre. Écoliers révoltés *contre* le maître ; plaider *contre* quelqu'un.

Malgré. Il est parti *malgré* moi.

Nonobstant. Il a fait cela *nonobstant* mes représentations.

Pour marquer le but.

Envers. Charitable *envers* les pauvres ; son respect *envers* ses supérieurs.

Touchant. Il m'a écrit *touchant* cette affaire.

Pour. Travailler *pour* le bien public ; étudier *pour* son instruction.

Pour marquer la cause, le moyen.

Par. Fléchir *par* ses prières ; tout a été créé *par* la parole de Dieu.

Moyennant. J'espère *moyennant* la grace de Dieu.

Attendu. Le courrier n'a pu partir *attendu* le mauvais temps.

CHAPITRE VIII. — L'Adverbe.

L'*adverbe* est un mot qui se joint ordinairement au verbe ou à l'adjectif, pour en déterminer la signification ; quand on dit : *cet enfant parle distinctement*, par ce mot *distinctement* l'on fait entendre qu'il parle d'une manière plutôt que d'une autre.

1° Il y a des adverbes qui marquent la *manière* : ils sont presque tous terminés en *ment*, et ils se forment des adjectifs, comme sagement de *sage*, poliment de *poli*, agréablement d'*agréable*, modestement de *modeste*, etc.

2° Il y a des adverbes qui marquent *l'ordre*, comme *premièrement*, *secondement*, *d'abord*, *ensuite*, *auparavant* ; exemple : d'abord *il faut éviter le mal*, ensuite *il faut faire le bien*.

3° Il y a des adverbes qui marquent le lieu comme *où*, *ici*, *là*, *deçà*, *au-delà*, *dessus*, *partout*, *auprès*, *loin*, *dedans*, *dehors*, *ailleurs* ; exemple : où *êtes-vous ? Je suis* ici : *je vais* là.

4° Il y a des adverbes de temps, comme *hier*, *autrefois*, *bientôt*, *souvent*, *toujours*, *jamais*, etc. Exemple : *cet enfant joue* toujours *et ne s'applique* jamais.

5° Il y a des adverbes de *quantité*, comme *beaucoup*, *peu*, *assez*, *trop*, *tant*, etc. Exemple : *il parle* beaucoup *et réfléchit* peu.

6° Enfin, il y a des adverbes de *comparaison*, comme *plus*, *moins*, *aussi*, *autant*, etc. Exemple : plus *sage*, aussi *sage*, moins *sage que vous*.

Remarque. Certains adjectifs sont quelquefois employés comme adverbes : on dit, chanter *juste*, parler *bas*, voir *clair*, rester *court*, frapper *fort*, etc.

CHAPITRE IX. — La Conjonction.

Remarque. L'on a vu jusqu'à présent comment les mots se joignent ensemble pour former un sens : les mots ainsi réunis font une *phrase* ou *proposition* : la plus petite proposition doit avoir au moins deux mots, le nominatif et le verbe, comme *je chante*, *vous lisez*, *l'homme meurt* : souvent le verbe a un régime, comme *je chante un air*, *vous lisez une lettre*, etc.

La *conjonction* est un mot qui sert à joindre une phrase à une autre phrase ; par exemple, quand on dit : *il pleure* et *il rit en même temps* ; ce mot *et* lie la première phrase, *il pleure*, avec la seconde, *il rit*.

Différentes sortes de conjonctions.

1° Pour marquer la liaison : *et*, *ni*, *aussi*, *que*.

2° Pour marquer opposition : *mais*, *cependant*, *néanmoins*, *pourtant*.

3° Pour marquer division : *ou*, *ou bien*, *soit*.

4° Pour marquer exception : *sinon*, *quoique*.

5° Pour comparer : *comme*, *de même que*, *ainsi que*.

6° Pour ajouter : *de plus*, *d'ailleurs*, *outre que*, *encore*.

7° Pour rendre raison : *car*, *parce que*, *puisque*, *vu que*.

8° Pour marquer l'intention : *afin que*, *de peur que*.

9° Pour conclure : *or, donc, ainsi, de sorte que.*

10° Pour marquer le temps : *quand, lorsque, comme, dès que, tandis que.*

11° Pour marquer le doute : *si, supposé que, pourvu que, en cas que.*

Il y a plusieurs autres conjonctions : l'usage les fera connaître : la plus ordinaire est *que;* on distingue la conjonction *que* du *que* relatif, en ce qu'elle ne peut pas se tourner par *lequel, laquelle.*

RÉGIME DES CONJONCTIONS.

Parmi les conjonctions, les unes veulent le verbe suivant au subjonctif, les autres à l'indicatif.

Voici celles qui régissent le subjonctif : *soit que, sans que, si ce n'est que, quoique, jusqu'à ce que, encore que, à moins que, pourvu que, supposé que, au cas que, avant que, non pas que, afin que, de peur que, de crainte que;* et en général quand on marque quelque doute ou quelque souhait, comme *je souhaite, je doute* que *cet enfant soit jamais savant.*

CHAPITRE X. — L'Interjection.

L'*interjection* est un mot dont on se sert pour exprimer un sentiment de l'ame, comme la joie, la douleur, etc.

La joie : *Ah! Bon!*

La douleur : *Aïe! Ah! Hélas! Ouf!*

La crainte : *Ha! Hé!*

L'aversion : *Fi! Fi donc!*

L'admiration : *Oh!*

Pour encourager : *Ça! Allons! Courage!*

Pour appeler : *Holà! Hé!*

Pour faire taire : *Chut! Paix!*

FIN

www.ingramcontent.com/pod-product-compliance
Ingram Content Group UK Ltd.
Pitfield, Milton Keynes, MK11 3LW, UK
UKHW012114240726
13965UKWH00004B/1761